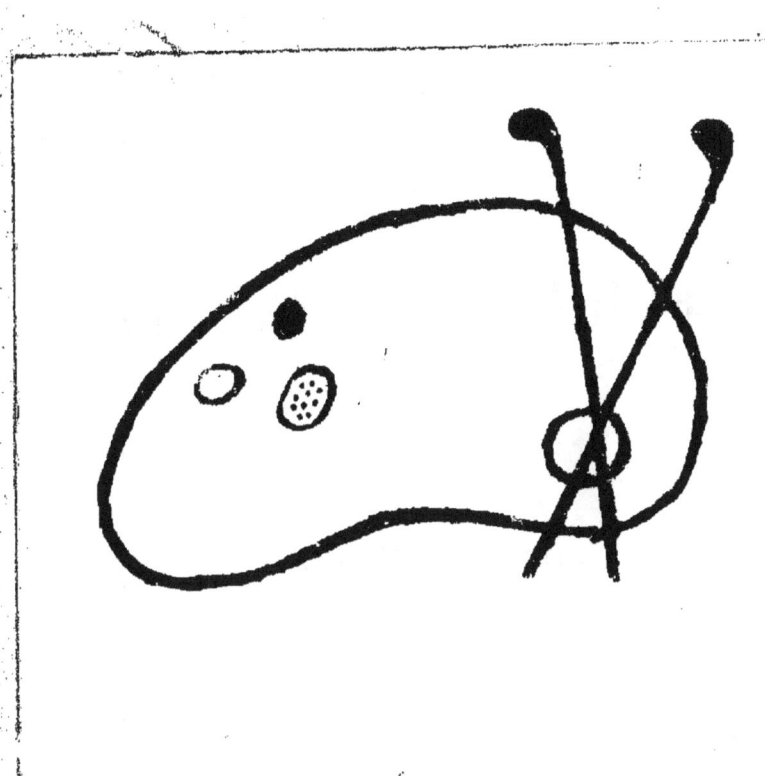

Début d'une série de documents en couleur

LE

PRÉDICATEUR MENAULD

PAR

Louis GUIBERT

Extrait de l'Almanach limousin pour 1884

LIMOGES
Vᵉ H. DUCOURTIEUX, IMPRIMEUR-LIBRAIRE
7, RUE DES ARÈNES, 7

1883

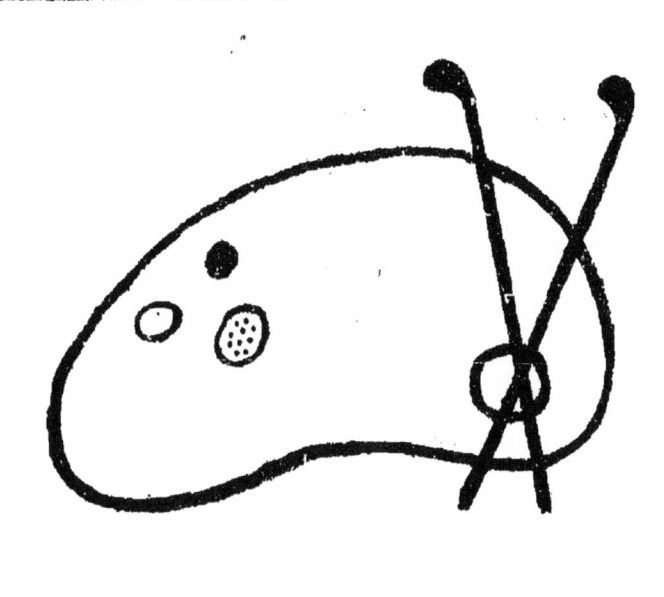

Fin d'une série de documents en couleur

LE

PRÉDICATEUR MENAULD

LE

PRÉDICATEUR MENAULD

PAR

Louis GUIBERT

―――⋙⋘―――

LIMOGES

Vᵉ H. DUCOURTIEUX, IMPRIMEUR-LIBRAIRE

7, RUE DES ARÈNES, 7

1883

LE PRÉDICATEUR MENAULD

Les dernières années du quinzième siècle et les premières du suivant furent marquées, à Limoges, par divers épisodes curieux, qui témoignent d'une grande fermentation dans les esprits.

Les événements qui venaient de se passer et ceux qui se préparaient, expliquent suffisamment cette agitation. On était à la veille de la Réforme et le mouvement religieux qui devait lui donner naissance se faisait déjà sentir. Dans l'ordre politique, les guerres d'Italie favorisaient sous certains rapports, au lendemain du règne despotique de Louis XI, les revendications des seigneurs féodaux et des communautés bourgeoises. A Limoges, la ville du Château avait enfin obtenu la suppression des offices de maire et de sous-maire, créés, au préjudice de ses vieilles libertés, en faveur d'étrangers; elle travaillait à se relever du coup que le dernier roi avait porté à son organisation traditionnelle, restaurait d'anciens usages, rétablissait des charges naguères supprimées. Les consuls, de tout temps en lutte avec l'évêque — on conservait, aux archives du palais épiscopal, un gros registre uniquement rempli de l'énoncé des innombrables griefs des pasteurs du diocèse contre les chefs de la bourgeoisie — avaient entamé avec le grand chantre du chapitre de Saint-Etienne (1) un nouveau et grave débat. Il s'agissait d'enlever à ce dignitaire, et à l'autorité ecclésiastique dans sa personne, la direction des écoles de la ville avec le choix des maîtres. Ils y réussirent : après que le procès eut, selon l'usage, traîné un certain nombre d'années à Bordeaux, le chantre mû par un sentiment de conciliation, et aussi, déclara-t-il, par le désir de « contribuer au bien et utilité de la chose publique » consentit à renoncer, moyennant le

---

(1) Les éditeurs des *Registres consulaires* se sont trompés en attribuant au chapitre de Saint-Martial le document qu'ils reproduisent pages 139 et suivantes du tome I. Le chapitre cathédral de Saint-Etienne y est très clairement désigné.

paiement d'une rente annuelle peu élevée, à tous ses droits de présentation, collation, provision, direction et exercice concernant les écoles, dans toute l'étendue de la ville du Château, de ses faubourgs et de ses dépendances.

A l'époque où ce différend s'agitait devant le Parlement de Guyenne, la population de Limoges était vivement remuée par les prédications peu orthodoxes d'un religieux carme dont le souvenir est aujourd'hui bien oublié. Ce fait, qui est un des épisodes les plus caractéristiques parmi ceux auxquels nous faisions allusion tout à l'heure, nous avait été révélé par plusieurs documents des archives départementales de la Haute-Vienne, du fonds de l'Evêché en particulier (1); toutefois nous n'avions pu retrouver que quelques indications, éparses dans des pièces de procédure, sur les doctrines prêchées par le frère Menauld et sur les suites de ces prédications. Grâce aux précieux manuscrits de l'abbé de Nadaud et de l'abbé Legros (2) qui paraissent avoir eu en mains le dossier complet de cette intéressante affaire, il nous est possible d'en reconstituer les incidents successifs et d'en présenter le récit succinct.

Le frère Jean Menauld (3), originaire de Roziers, — nous n'oserions affirmer qu'il s'agisse ici de Roziers Saint-Georges (4), canton de Châteauneuf-la-Forêt (Hte-Vienne), — n'était assurément pas le premier venu. Il avait voyagé, habité Paris, passé même quelque temps à Rome, et appartenait au couvent que son ordre possédait à Bordeaux, lorsqu'il fut envoyé à Limoges au commencement de l'année 1492 pour prêcher le carême dans cette ville.

Il se fit entendre dans plusieurs églises du Château et des faubourgs, aux Frères-Prêcheurs, à Saint-Michel-des-Lions, à Saint-Pierre et semble avoir été fort goûté de son auditoire. Toutefois, l'autorité ecclésiastique releva dans ses sermons

(1) Registre Ac singularem, fol. 91 et suivants, et documents divers du fonds de l'Evêché. Nous avons aussi rencontré la trace de cette affaire dans une pièce du fonds des Carmes, au même dépôt.
(2) Nadaud : *Mémoires manuscrits*, t. V, p. 190 et ss. ; Legros: *Mélanges manuscrits*, t. I, p. 350 et ss. (au Séminaire de Limoges).
(3) On trouve dans les pièces relatives à cette affaire, le nom du prédicateur écrit Menault, Menel, Menaud et Menauld. La dernière orthographe doit être préférée, la forme latine étant *Menaldus*.
(4) Nous croyons même qu'il ne s'agit pas de Roziers-Masléon, qu'on trouve constamment dénommé *de Rozeriis*. L'opuscule de Menauld dont nous parlerons plus loin, désigne le carme sous le nom de *Menaldus de Rosariis*. Peut-être était-il originaire du Bas-Limousin ou du Périgord, qui possèdent plusieurs localités du nom de Rosiers. Peut-être aussi sa famille n'habitait-elle pas notre région, à laquelle rien n'indique du reste qu'appartint ce prédicateur.

plusieurs propositions malsonnantes et ses prédications devinrent l'objet d'une surveillance particulière de la part de l'Evêché.

Le dimanche de la Passion, ou « des Passions » comme on disait alors — 8 avril — Menauld prêcha en plein air, sous les arbres de l'ancien cimetière de Saint-Martial, dans la chaire de pierre d'où l'évêque, l'abbé ou quelque autre dignitaire ecclésiastique avait coutume d'adresser la parole à la multitude aux jours de procession ou de grande fête. Il soutint de nouveau, dans son discours, devant une foule très nombreuse, les propositions contraires aux enseignements de l'église qu'il avait déjà avancées dans ses précédents sermons. Il prétendait, entre autres choses, que les enfants morts sans baptême seraient damnés et « cruciés » comme les autres pécheurs ; il soutenait aussi que les juges laïques, le sénéchal, les consuls et leurs officiers, avaient le droit indéniable de faire arrêter les gens d'église pris en flagrant délit, « trouvez en insolences », de les emprisonner, de les *mettre au clou* « et même de leur faire baiser le clou » : ce *clou*, ou *claveau*, n'était point la prison qu'on désigne aujourd'hui sous cette dénomination pittoresque, et qu'une inexplicable métaphore appelait naguères du nom bizarre de *violon ;* il semble qu'on ait appliqué ce mot à une sorte de pilori élevé par les consuls dans un faubourg de Limoges, nous ignorons à quelle occasion et dans quel but : le pilori de la place des Bancs existant déjà depuis de longues années. — Le Carme développa diverses autres opinions tout au moins hardies. On raconta même qu'il avait dit, dans un de ses sermons, que le saint Esprit n'était pas Dieu. Toutefois, un seul témoin se trouva pour l'affirmer et on ne paraît pas avoir retenu ce chef d'accusation.

Il est visible qu'une des thèses favorites de Menauld excita surtout l'émotion du clergé et le souleva contre le prédicant : celle qui consistait à proclamer le droit du juge civil de poursuivre et de punir les ecclésiastiques en cas d'absence, d'empêchement, de mauvaise volonté ou même de négligence de l'official. La question était brûlante, et, à Limoges surtout, la juridiction spéciale du tribunal diocésain avait été de tout temps, mais était surtout à cette époque l'objet de vives attaques. On trouve la trace de plusieurs excommunications lancées contre les consuls du Château pour violation de l'immunité ecclésiastique. Peu de temps auparavant, le procureur du roi, de son côté, déniait à l'évêque toute juridiction sur les clercs mariés. En 1459, on avait vu les magistrats municipaux faire appréhender au corps un prêtre nommé Jean Lagrue, surpris en adultère, l'envoyer aux prisons de la ville; « et, » nonobstant qu'ils feussent admonestez par le vicaire général » de rendre ledict prestre, un dimenche, lesdits consuls ou » leurs officiers, accompagnez de *quatre mille* companhons, » avecques le bourreau, » avaient « mené ledict Lagrue au (1) » *claveau* la teste nue, sa robe retroussée (2), cryant : Veycy » le ribault ! (3) »

Après un long procès entre l'Evêque et les consuls, au sujet de la juridiction sur les prêtres de la ville du Château le Parlement de Paris défendit, par un arrêt de provision du 23 août 1498, aux chefs de la Commune d'empiéter sur les droits des Tribunaux ecclésiastiques, de saisir des clercs ou d'instrumenter dans leurs maisons, à peine d'une amende de cent marcs d'argent, et leur prescrivit de mettre en liberté les prêtres détenus à ce moment dans leurs geôles. Puis le procès continua, déroulant la série habituelle de sentences interlocutoires, provisoires, enquêtes, appointements, ajournements, informations, compromis, remises et appels.

L'official, Pierre Barton, abbé de Saint-Augustin et vicaire général de l'Evêque, avait été informé le jour même des discours tenus par Menauld dans la chaire de la place des Arbres. Il était temps de mettre fin à un scandale qui n'avait déjà que trop duré. Le juge ecclésiastique cita devant lui le frère Menauld pour le lendemain. Le Carme se présenta et promit de se rétracter. Il comparut de nouveau peu de jours après, assisté d'Etienne Peyrat, prieur du couvent que les Carmes avaient fondé en 1264 (4) à Limoges, auprès des Arènes, dans des bâtiments restaurés depuis à plusieurs reprises et dont une partie subsiste encore rue Neuve-des-Carmes, au dessus de la fabrique de porcelaines Jouhanneaud frères. L'audience fut, cette fois, plus solennelle. L'official rappela à Menauld les propositions qu'il avait émises, lui démontra qu'elles s'écartaient les unes du dogme ou de la tradition constante, les autres de la discipline de l'Eglise; puis il lui adressa une verte semonce et lui enjoignit, sous peine d'excommunication, de reconnaître en chaire ses erreurs, afin que

---

(1 et 2) La lecture de ces deux mots est douteuse.
(3) Archives de la Haute-Vienne, fonds de l'Evêché, pièces diverses et registre *Ac singularem*, fol. 5, 6, 599, etc.
(4) Bibliothèque Nationale, ms. latin 11019, f° 37. — Ou plutôt en 1265.

la rétractation eût la même publicité que les sermons où il avait prêché ces mauvaises doctrines. Le Carme s'efforça d'atténuer la portée des propositions qu'on lui reprochait d'avoir soutenues; toutefois il ne nia pas qu'il n'y eût au moins quelque témérité dans ses paroles et prit l'engagement de se conformer à tout ce que lui enjoignit le juge diocésain. Celui-ci le remit à la garde de son prieur, qui dut répondre de lui à peine du retrait de la permission de quêter accordée à son couvent et de l'interdiction de toute fonction ecclésiastique extérieure. Il fut décidé que la rétractation de Menauld aurait lieu le vendredi saint, 20 avril.

Ce jour là en effet, le Carme sortit de son couvent et monta de nouveau en chaire; mais loin de confesser ses erreurs, il reproduisit les propositions qui avaient encouru le blâme de l'autorité ecclésiastique, et en aggrava même le caractère, protesta contre la réprimande dont il avait été l'objet et déblatéra longuement contre les gens d'église.

C'en était trop. Dès le lendemain, 21 avril, l'official interdit le frère Menauld, prononça contre lui l'excommunication et fit afficher sa sentence aux portes de la ville, des églises et du couvent des Carmes. Le prédicateur perdit la tête, et se mit en état de révolte ouverte contre l'autorité ecclésiastique. Escorté de plusieurs religieux de son couvent, qui portaient des armes sous leurs robes, il se rendit, le jour de Pâques, sur cette place des Arbres, rendez-vous traditionnel des fidèles aux jours de grande solennité, et qu'il n'avait pas craint de transformer en véritable forum, au mépris du caractère sacré de ce lieu, où reposaient les ossements de cinquante générations. Le sermon d'usage devait être ce jour-là fait par l'official. Le Carme arriva avant l'heure fixée pour la prédication, monta lui-même en chaire et commença à parler au peuple, l'appelant à son aide et cherchant à l'ameuter contre l'Évêque. La foule grossissait, houleuse, tumultueuse, irritée. L'orateur s'était fait un parti dans la ville. Les consuls avaient-ils, au début tout au moins, encouragé plus ou moins ouvertement ses prédications? Nous n'osons les en accuser, tout en étant assez disposés à le croire. — Jacques Jauviond, frère de l'abbé de Saint-Martial, ayant tenté d'empêcher Menauld de prendre la parole, ou simplement protesté, faillit être mis en pièces par l'escorte du prédicateur. On avertit l'official de ne pas se montrer. Sa vie eût été en danger.

Le clergé ne savait comment mettre fin au scandale; on

voulait cependant éviter un éclat qui aurait sans nul doute amené des conflits sanglants. L'abbé de Saint-Martial et le curé de Saint-Pierre eurent tout-à-coup une idée absolument lumineuse : puisqu'on ne pouvait pas rendre Menauld muet, il fallait essayer de rendre sourds ses auditeurs. On y parvint sans miracle ni sortilège. Voici comment :

La place des Arbres occupait une partie des terrains actuels de la place royale, et s'étendait derrière l'abside de la basilique de Saint-Martial, à cheval sur cette place et la place Fournier, jusqu'à la rue Saint-Nicolas. Les clochers de Saint-Martial et de Saint-Pierre dominaient donc cette promenade. Au moment où Menauld tenait l'assistance suspendue à ses lèvres et où son exaltation augmentait avec l'agitation de la foule, un vacarme épouvantable remplit soudain les airs. Toutes les cloches des deux églises avaient été mises en branle et sonnaient à grande volée, couvrant la voix de l'orateur et assourdissant son auditoire. Force fut au Carme de quitter la place. Il descendit de chaire et, entraînant sur ses pas la foule, il traversa une partie de la ville, et s'arrêta sur la place des Bancs, en face du pilori. Là, on le fit entrer dans l'habitation d'un bourgeois nommé Teyssandier ; il se mit à une fenêtre et acheva son discours. La curieuse maison Marmignon a entendu cette diatribe. C'est grand dommage de ne pouvoir recueillir sous ses arceaux l'écho des paroles du religieux révolté.

Jean Menauld rentra à son couvent escorté d'une foule nombreuse, à laquelle il donna rendez-vous dans l'église des Carmes au mardi 24 avril, pour la continuation de sa prédication. Il tint parole ; mais ce jour-là même la justice séculière avait été saisie par l'official : ordre fut donné d'arrêter le hardi prédicant. Menauld se décida à partir. Il prit dès le lendemain la route de Périgueux, accompagné par le prieur du couvent de Limoges, sept religieux de la communauté et un certain nombre de bourgeois. Cette troupe, armée d'épées, de poignards, de piques, de lances et de bâtons ferrés, le conduisit à une journée de la ville.

Menauld gagna le couvent de Thiviers, et se croyait sans doute en sûreté, lorsqu'il se vit saisi par les officiers de la sénéchaussée, à la requête de Denis Maréchal ou le Mareschal, procureur de l'Evêque de Limoges, que l'officialité avait bien vite dépêché sur ses traces. On conduisit le carme devant » maistre Jean de Pelicis, licencié ès lois, procureur du roy » à Périgueux et juge de la ville de Thiviers pour monsieur le

» vicomte de Limoges(1) » et Jean Authiat, lieutenant du sénéchal du Périgord, lequel avait délivré l'ordre d'arrestation. En présence de ces deux magistrats et du procureur de l'Evêque, le carme chercha à expliquer, comme il avait déjà tenté de le faire quinze jours plus tôt devant l'official, les thèses hasardées de ses sermons. — En ce qui concernait les enfants morts sans baptême, il n'avait fait, affirmait-il, qu'indiquer une simple possibilité, une opinion personnelle, sous toutes réserves ; ce qu'il avait dit touchant les droits de la juridiction séculière sur les membres du clergé, ne devait s'entendre qu'au cas où des juges ecclésiastiques se trouveraient dans l'impossibilité d'agir. Il ignorait, ajouta-t-il, que le jour de Pâques, l'official dût prêcher : on lui avait dit que le sermon serait fait par un religieux Augustin ; sans quoi il se serait bien gardé de monter en chaire. Il demandait d'ailleurs pardon à l'Evêque et promettait de nouveau de se rétracter publiquement avant les fêtes de Noël. Le procès-verbal ou *mémorial* qui fut dressé de ces déclarations, constate que Menauld « a revoqué et cassé
» que par luy fust esté presché en la ville de Limoges, le
» dimenche des Passions darnièrement daté, des propositions
» contre la liberté ecclésiastique, et dist que les juges seculliers ne peuvent ny ne doyvent tenir les gens d'esglise oultre
» vingt-quatre heures, et ce afin de les remetre (au juge
» ecclésiastique) et aussy lesditz juges seculliers ne doyvent
» fere aulcune infamye contre aulcuns clers ; car si le font,
» encourent sentence d'escummunique — et aultres choses
» dans ledit memorial, signé par ledict Menault, le 26 d'avril
» mil IIII cc XCII. »

Le lieutenant du sénéchal consentit, sur la déclaration formelle du prieur de Thiviers qu'il se portait caution de Menauld, à relâcher le religieux ; mais la procédure continua à Limoges et l'official, sans attacher d'importance à des promesses qui ne lui offraient pas plus de garanties que les précédentes, jugea indispensable de punir le prieur et la communauté de Limoges de l'aide qu'ils avaient donnée au prédicateur. Une sentence du 2 mai, rendue par l'official « en la maison du doyen de Limoges » confirma, avec la condamnation des erreurs prêchées par Menauld, l'interdit et l'excommunication prononcés contre celui-ci, suspendit le prieur Peyrat du droit

---

(1) Ce cumul de fonctions n'est pas rare aux XVe et XVIe siècles. Pour n'en citer qu'un exemple, Martial d'Auvergne est à la fois, vers 1485, juge civil du château de Limoges pour les consuls, juge et sénéchal de Châlucet pour la famille d'Albret, et titulaire de plusieurs autres justices seigneuriales.

de prêcher hors de son couvent et retira à sa communauté la permission de faire des quêtes jusqu'à ce que le prédicateur se fût publiquement rétracté.

La peine était méritée; mais elle était dure. Les Carmes prétendirent que la sentence de l'official les condamnait à mourir de faim. Leur communauté comptait quarante membres, lesquels ne possédaient, assuraient-ils, en dehors du produit de la quête, qu'un revenu insignifiant. Ils ne se bornèrent pas à protester. Le prieur partit aussitôt pour Poitiers, sans que rien fit prévoir ses projets. Le 8, il en revenait amenant avec lui un jeune homme nommé Jean Cormier, qui prenait le titre de notaire apostolique et se disait porteur de lettres émanant des commissaires désignés par le Saint-Siège pour la conservation des priviléges de l'ordre des Carmes. Ces lettres étaient naturellement favorables à Peyrat et à ses religieux. Cormier les notifia à l'official, sommant le juge ecclésiastique de révoquer ses sentences; et ce dernier ne désarmant pas, il prononça contre lui l'excommunication. Les Carmes osèrent même faire afficher la condamnation du juge diocésain.

Toute mesure était comble cette fois. L'official, qui, depuis les derniers sermons de Menauld, avait procédé, à la requête de l'Evêque, à trois informations successives, (la dernière, relatant les dépositions de quatorze témoins, portait la date du 30 avril) (1), fit arrêter Cormier et le fit enfermer dans la geôle de la salle épiscopale. Le prieur Etienne Peyrat fut envoyé à Bordeaux où était déjà arrivé l'auteur de tout cet esclandre, et fut retenu prisonnier par ordonnance du Parlement; peu après, Cormier fut à son tour transféré dans la conciergerie de la Cour.

Deux procès s'engagèrent simultanément devant cette haute juridiction. Les Carmes appelèrent comme d'abus de « frère Pierre Barton, abbé de Saint-Augustin-lès-Limoges, official et « vicaire général de Révérend Père en Dieu monseigneur Jehan, « Evesque de Limoges ». D'autre part, l'Evêque et l'official, « Monsieur le procureur du roy adjoinct avecqueux, » poursuivirent Cormier, Menauld, Peyrat et le syndic des Carmes pour « excès, rebellions et désobéissance » et interjetèrent de leur côté un contr'appel comme d'abus.

Il semble que sur cette affaire se soit greffée une poursuite criminelle contre Cormier, accusé de faux ou tout au moins d'usurpation de qualités; toutefois nous ne pourrions l'affirmer.

Avant l'envoi de Cormier à Bordeaux, Pierre Charreyron,

(1) Nous n'avons pu, malgré nos recherches, retrouver aucune de ces informations.

licencié-ès-lois, bachelier en décrets, conseiller du roi et lieutenant général du gouverneur et sénéchal du Limousin, avait, à la requête de l'autorité ecclésiastique, commis Maître Pierre Bardaud, bachelier en droit et greffier de la sénéchaussée, pour procéder à une information sur les faits reprochés tant à Cormier qu'aux deux Carmes et à leurs complices. Les dépositions des témoins portèrent sur trente-neuf articles. L'instrument, qui fut envoyé à Bordeaux, était accompagné de la déposition de Cormier « par luy mesme signée ».

Devant le Parlement, où l'affaire revint à diverses reprises, on assura, en réponse aux allégations des Carmes touchant leurs faibles ressources, que beaucoup de membres de la Communauté des Arènes possédaient individuellement des immeubles, des maisons, des terres, des vignes, à Limoges et aux alentours ; que la confrérie de Notre-Dame de Pitié (1), érigée dans leur église, ne comptait pas moins de quatorze cents membres, payant chacun un léger droit au couvent, indépendamment des aumônes, legs et dons extraordinaires que celui-ci pouvait retirer de l'hospitalité donnée à cette pieuse association ; que la quête leur rapportait annuellement trois ou quatre cents setiers de blé et deux cents tonneaux de vin. On leur reprocha enfin d'avoir perdu l'esprit d'humilité et de pauvreté de leur ordre et de n'être ni gradués ni lettrés.

Le Parlement rendit, le 28 juin 1492, un arrêt contre les Carmes au profit de l'Évêque et des Juges de Limoges. Cet arrêt ordonnait la comparution du frère Menauld devant la Cour dans le délai d'un mois, obligeait le prieur Peyrat à faire publiquement, un dimanche, sur la place des Arbres, l'aveu et la rétractation des erreurs de son confrère, et à donner lecture en chaire des déclarations du Carme devant le Lieutenant du sénéchal à Thiviers. Cormier fut condamné à demander pardon au Roi et à la Justice, et à voir lacérer devant la Cour les affiches qui avaient été apposées à Limoges au mois de mai précédent. Nous ignorons si l'affaire fut poussée plus loin à son égard : les registres du Parlement offrant, à cette époque, des lacunes considérables.

Quoi que l'arrêt ne fût pas bien sévère et que la Cour semble avoir en particulier usé d'indulgence à l'égard des Carmes de Limoges, puisqu'elle leur permettait, par provision, de continuer à prêcher et à quêter, ces religieux refusèrent de se soumettre au jugement en ce qui les concernait. Le Parle-

---

(1) On sait que la Confrérie de Notre-Dame de Pitié se tient aujourd'hui dans la chapelle de la Boucherie.

ment reçut d'eux de nouvelles réclamations et deux conseillers donnèrent à ce sujet, le 23 juillet, un appointement « en la « sale du palays de l'Ombrière ». Le 6 août néanmoins, la Cour fit expédier un mandement pour l'exécution de son arrêt du 28 juin, et le 14, les officiers royaux de Limoges, en présence du refus persistant du couvent de se conformer à cet arrêt, durent opérer la saisie de son temporel.

Telle fut, à ce qu'il semble, la fin de l'affaire à Limoges. Bien que nous n'ayons trouvé mention du fait dans aucun document, il y a tout lieu de croire que le Prieur se décida, devant ce vigoureux avertissement, à monter dans la chaire de la place des Arbres pour y donner la satisfaction publique réclamée par l'Evêché et ordonnée par le Parlement.

Peut-être faut-il attribuer aux souvenirs laissés par ces incidents la froideur avec laquelle fut accueillie, en 1497, par les chanoines de la cathédrale, l'annonce du projet qu'avaient formé les Carmes d'établir un couvent à Juillac. La question fut renvoyée à un chapitre général pour être examinée de nouveau. Devant les dispositions que manifestait cet accueil, les religieux renoncèrent à ce dessein (1).

Ce n'était pas le premier mécompte de ces pauvres Carmes, qui, dès l'époque de leur établissement à Limoges, avaient éprouvé des traverses de toute sorte. Venus dans le pays en 1260 (2) et installés provisoirement — ils y restèrent au moins trois ans et demi — dans le couvent d'outre-Vienne qu'avaient peu auparavant abandonné les Frères Prêcheurs pour aller habiter leur nouveau monastère à l'extrémité du faubourg Manigne, ils avaient fait choix, pour y placer leur maison, d'un terrain situé sous les murs mêmes des deux villes de la Cité et du Château, entre la porte Boucherie et la Porte de la Vieille Monnaie tout auprès du faubourg Manigne (sur les terrains des Charseix, de la Planchette et des Petites-maisons), à proximité des Dominicains d'une part et des Franciscains de l'autre. Les murs de leur chapelle et de leur cloître s'élevaient déjà, lorsque les Frères Prêcheurs, peu satisfaits de ce voisinage, invoquèrent pour s'en débarrasser, un bref de 1257, du Pape Alexandre IV, adressé à l'abbé de Saint-Augustin-lès-Limoges et interdisant la construction de tout monastère et l'établissement de toute communauté dans un rayon de deux cents pas autour de l'enclos des fils de St-Dominique. La défense du souverain Pontife

(1) NADAUD, Pouillé rayé, p. 56, au Séminaire de Limoges.
(2) Bibl. Nationale, manuscrit latin n° 11019, fol. 37.

fut signifiée aux Carmes au mois d'avril 1265, par le curé de Saint-Maurice, délégué du commissaire apostolique (1).

Les nouveaux venus se virent contraints d'abandonner l'emplacement si avantageux sur lequel ils avaient commencé leurs constructions et durent chercher un autre terrain. Ce fut alors qu'ils se transportèrent auprès du Foirail et des ruines des Arènes, où ils devaient demeurer plus de cinq siècles.

La communauté des Carmes eut à maintes reprises des différends avec les consuls du Château. Ceux-ci s'opposèrent, au commencement du seizième siècle, à la réédification du clocher de l'église déjà plusieurs fois abattu, et qui dominait une partie des remparts. Toutefois ils ne réussirent pas à empêcher cette reconstruction. Un peu plus tard, il y eut procès entre la Commune et les Carmes au sujet du rétablissement d'une bâtisse que les Consuls affirmaient n'avoir jamais été qu'un « petit oratoire et petite retraicte pour fere penitence « sans chambre et sans cheminée, a fourme d'un appenditz ». Le couvent prétendait que la construction à rétablir avait une bien plus grande importance et lui était indispensable ; car « il falloit une chambre secrete et a part audict cou- « vent, et mesmement pour les docteurs et graduez religieux « dudict ordre et prescheurs, pour s'exercer et aproufiter » (2). La vérité est que la communauté de Limoges ne paraît avoir à aucune époque compté un grand nombre d'hommes instruits. Au dix-huitième siècle néanmoins, les Carmes possédaient, après les Jésuites, la bibliothèque la plus riche de la ville (1,800 volumes) et prétendaient avoir autrefois enseigné la théologie et la philosophie : on montrait, auprès de la sacristie, les salles jadis destinées à ces cours.

En 1623, Etienne Vidaud, prieur de Saint-André en la Cité, résigna son prieuré en faveur de l'ordre des Carmes, dont il prit l'habit en même temps que son frère. L'ordre voulut alors établir à Limoges une seconde maison. Tout le monde chercha à entraver cette fondation : le chapitre cathédral, les magistrats municipaux, les paroissiens de Saint-André ; mais les religieux, — c'étaient du reste des réformés — finirent par triompher de toutes les résistances et on les laissa installer en paix leur nouvelle communauté.

Les deux couvents subsistaient encore à l'époque de la Révolution ; ils ne comptaient toutefois, l'un et l'autre, qu'un

---

(1) Archives dép., liasse 7813 bis du classement provisoire.
(2) Arch. dép. — Pièces concernant les Grands Carmes existant dans le fonds des Carmes Déchaussés.

fort petit nombre de religieux. On sait que la jolie croix de pierre de Saint-Aurélien provient de l'église des Carmes des Arènes, démolie en 1795. D'autres morceaux de sculpture, appartenant au même édifice, après être restés assez longtemps à la Pépinière, furent transportés à Bonabry, où on les voit encore.

Si nous ne connaissons pas d'une façon précise et complète le dénouement du curieux épisode que nous avons raconté plus haut, et dont pas un ouvrage limousin n'a, croyons-nous, parlé jusqu'ici ; si nous ne pouvons dire quelles mesures furent ordonnées par le Parlement à l'égard de Menauld, nous savons du moins avec certitude que ni les arrêts de la Cour, ni le souvenir de ses prédications peu orthodoxes n'entravèrent la carrière du hardi religieux. Trois ans après les incidents de Limoges, le 2 avril 1495, on retrouve Menauld à Orléans, exposant, dans la salle de l'école de droit — *in magnis scolis Juristarum* — devant une assemblée distinguée, au premier rang de laquelle figurent le Recteur et les docteurs de l'Université, la doctrine générale de l'Eglise sur la confession. Il s'intitule à ce moment Carme de Bordeaux et docteur en théologie de Paris (ou docteur et théologien de Paris). L'exorde de cette conférence, ou si l'on veut de cette thèse, est d'une humilité rare. Le Carme s'étonne qu'un auditoire placé « à la pure source de la céleste éloquence » et pouvant se plonger « aux flots abondants » des plus sublimes lettres, condescende à recueillir les gouttes d'eau — *stillicidium* — que donne un faible ruisseau. Ce ruisseau, on le comprend assez, c'est la science, c'est la parole de l'orateur.

L' « exposition » du religieux ne saurait offrir pour nos lecteurs un grand intérêt ; il convient cependant de noter qu'elle a des allures fort posées. Le théologien a déclaré, du reste, en commençant, qu'il « suivra le grand chemin sans s'écarter dans les sentiers de droite ou de gauche » et qu'il évitera de parler des questions douteuses de nature à soulever des controverses. Nous n'oserions affirmer qu'il ait très fidèlement tenu parole. Toutefois, il semble qu'on n'osât formuler que des propositions orthodoxes devant les « très profonds et très illustres » docteurs, les « très subtils » licenciés, les « très studieux » bacheliers et les écoliers « très zélés pour la science » à qui il souhaite le paradis pour récompense de leur bienveillante attention.

Ce discours, imprimé à Périgueux, par Jean Carent, sous la

date du 15 mai 1502, est précédé d'une épître qu'adresse à maître Bernard de Casamajor, Carme de Paris et bachelier émérite, un sien disciple, frère Jean du Puy. Cette lettre nous apprend que Casamajor et Menauld se connaissaient dès leur jeunesse et qu'ils étaient liés par une étroite amitié. Elle nous fournit de plus sur le second de ces religieux un curieux renseignement. Le révolté de Limoges, le fugitif de Thiviers, l'accusé de Bordeaux était devenu provincial de son ordre pour la Gascogne (1).

Cette exposition n'est pas le seul ouvrage de Menauld qu'ait imprimé Jean Carent. La même plaquette comprend un autre écrit de notre Carme sur la confession. Le titre est alléchant : *Excellent opuscule sur les pénitences et la rémission des péchés, par le Révérend Frère Menauld de Rosiers, théologien de Paris, docteur fameux de l'ordre des Carmes, où il est traité clairement des plus graves difficultés conformément aux plus subtiles discussions des modernes : ouvrage indispensable à ceux qui ont charge d'âmes et entendent les confessions* (2).

Si, comme il est permis de le croire, la rédaction de ce titre appartient à l'auteur, il faut convenir que l'humble orateur d'Orléans s'entendait assez bien à la réclame.

Il y a tout lieu de croire qu'il s'entendait aussi aux moyens de se pousser dans le monde. Son expérience des hommes et des choses lui avait enseigné tout le prix d'un bon protecteur. L'excellent opuscule est dédié à un personnage important, au confesseur du Roi. On ne saurait dire que le confesseur de Louis XII tint absolument ce qu'on appela plus tard la *feuille des bénéfices*. L'état de choses auquel se rapporte cette expression significative, n'exista qu'après le Concordat de 1516. Toujours est-il que le personnage dont il s'agit devait jouer un grand rôle dans la distribution des faveurs royales. Menauld, qui s'est qualifié lui-même de « docteur fameux », a trouvé quelque chose de mieux encore pour son puissant patron : il l'appelle tout simplement; « le plus grand des théologiens » — *theologorum maximo*. — Nos lecteurs constateront que nous ne les entretenons pas ici de menu fretin ecclésiastique.

(1) *Hic enim est praeclarissimus ille parisiensis doctor, pastor provincialis, carmelitanus* (sic) *vasconicus.*
(2) *Reverendi fratris Menaldi de Rosariis theo||logi parisiensis, doctoris clarissimi, Carmelite|| de penitentiis et remissionibus egregium|| opusculum, graviores difficultates se||cundum modernorum argutissi||mas disquisitiones clarissime||complectens, curam animarum ||habentibus ac confessio||nes audientibus sum||me necessarium.*

« Comme les Hébreux avaient coutume d'offrir à Dieu les prémices de leurs champs, » le Carme, qui s'intitule, dans sa rhétorique champêtre, le « colon » de son protecteur, *colonus vester*, vient présenter au prélat la première récolte de son petit champ — *agelli primitias*. — S'il ne lui a déjà apporté son offrande, c'est que ce champ, situé près des monts Pyrénées (1) est peu étendu et stérile, balayé des vents, exposé aux rigueurs du froid et qu'il ne porte de fruits que dans la saison avancée. Cette églogue est embellie d'agréables *concetti* sur le nom de *Laurent* et le mot *laurier*, jeux insipides, non moins agaçants en latin qu'ils le seraient en français.

Le confesseur du Roi s'appelait donc Laurent. — Quel était ce Laurent, qualifié de *domino Cistariensi* ? — ce que l'auteur du catalogue de la bibliothèque Didot avait traduit par « prieur de Cîteaux » ? La traduction nous semblait mauvaise : le mot de *domino* indiquant qu'il s'agissait plutôt de l'abbé du grand monastère; mais en 1502, pas plus qu'en 1492 ou 1495, l'abbé en charge ne portait le prénom de Laurent... Nous nous demandions si, en prenant *Cistariensi* pour l'équivalent de *Cisterciensi* et en le traduisant par Cîteaux, on n'avait pas imité le singe qui prit le Pirée pour un homme et le politicien français bien connu qui, dans une grande discussion parlementaire, commit naguères l'étourdissante bévue de confondre la dénomination d'un ministère de l'Empire d'Allemagne avec le nom du titulaire même de ce ministère ?............ Le nom du confesseur de Louis XII pouvait seul nous tirer d'embarras. Nous l'avions longtemps cherché en vain, lorsqu'un ouvrage de l'abbé Oroux : l'*Histoire religieuse de la Cour de France* nous révéla enfin le mot de l'énigme. Le confesseur de Louis XII en 1502 se nommait Laurent Bureau — d'où les agréables allusions au laurier — et il était évêque de Sisteron — d'où *domino Cistariensi*. Ajoutons qu'il avait appartenu à l'ordre des Carmes et que c'était vraiment un homme des plus distingués.

La curieuse dédicace de l'ouvrage de Menauld est datée « de la province carme de Gascogne, le quatre — ou le neuf, le texte porte une coquille évidente — des « calendes de janvier », sans indication d'année.

Nous ferons grâce à nos lecteurs du *Manuel* de Menauld. Peu d'entre eux ont charge d'âmes et nous ne savons pas trop

---

(1) *Circa montes Pyreneos situs*. Ne s'agirait-il pas ici d'un bénéfice obtenu par la protection du confesseur du Roi ?

si ceux-ci mêmes le liraient avec plaisir. L'ouvrage nous a semblé sec et plat. S'il est assez bizarre d'entendre le Carme, après s'être exposé à une rétractation exigée par ses supérieurs, discourir sur les cas où il y a nécessité de faire expier un scandale par une pénitence publique, son livre n'a d'ailleurs rien d'intéressant. Pas d'exemples, pas de récits, pas de considérations élevées. Aucune originalité de style ni de pensée. Rien qui rappelle l'orateur. Rien qui fasse songer à l'éloquence abondante, imagée, familière, rude, excentrique des prédicateurs célèbres du xv° et du xvi° siècles : au talent, par exemple, du fameux contemporain et quasi homonyme de notre Carme, le cordelier Michel Menot. — L'ouvrage est divisé en trois livres : le premier, qui pourrait être intitulé : *de la Contrition et de la Confession,* a quarante cinq chapitres; le second : *de Satisfactione,* traite proprement des pénitences : prières, jeûnes, aumônes; il comprend vingt chapitres. Le troisième : *de Restitutione,* en a trente sept. On y trouve des passages bizarres et des cas de conscience comme des théologiens seuls peuvent en formuler. (1)

Après 1502, nous perdons de nouveau notre Carme de vue, et définitivement cette fois. Nous avions cru un moment que Menauld de Martory, (*al.* de Bonne Maison, *de Bona domo*) évêque de Tarbes en 1514, transféré en 1518 au siège de Conserans, et mort en 1548, après avoir joué un rôle assez important dans la province, pouvait bien être l'ancien provincial des Carmes de Gascogne La chose nous semblait d'autant plus probable que ce Menauld, avant d'être Evêque, avait été doyen de l'église d'Orléans, et qu'Orléans était précisément une des étapes connues de notre prédicateur ; mais, renseignements pris, il nous paraît à peu près évident qu'une fausse piste nous avait égarés. La fin de la carrière du théologien carme nous reste donc inconnue, et nous regrettons sincèrement de ne pouvoir en raconter à nos lecteurs que quelques épisodes, de nature à leur donner, comme à nous, l'envie d'en savoir plus long sur le compte de ce singulier personnage.

(Extrait de l'*Almanach limousin* pour 1881.)

(1) Nous devons à la bienveillante obligeance de M. B. de Montégut, vice-président du Tribunal civil de Limoges, la connaissance de la curieuse plaquette (38 feuillets) qui conserve les deux opuscules de Menauld. On n'en a signalé, croyons nous, qu'un seul exemplaire, celui qu'il nous a été permis de consulter, grâce à M. de Montégut. Il appartient à la riche bibliothèque de M. Didot, et il est à désirer que, lors de la vente de cette précieuse collection, il puisse être acquis soit par la Bibliothèque de la ville de Périgueux, soit par la Bibliothèque Nationale.

Limoges. — Imp. V° H. Ducourtieux, rue des Arènes, 7.

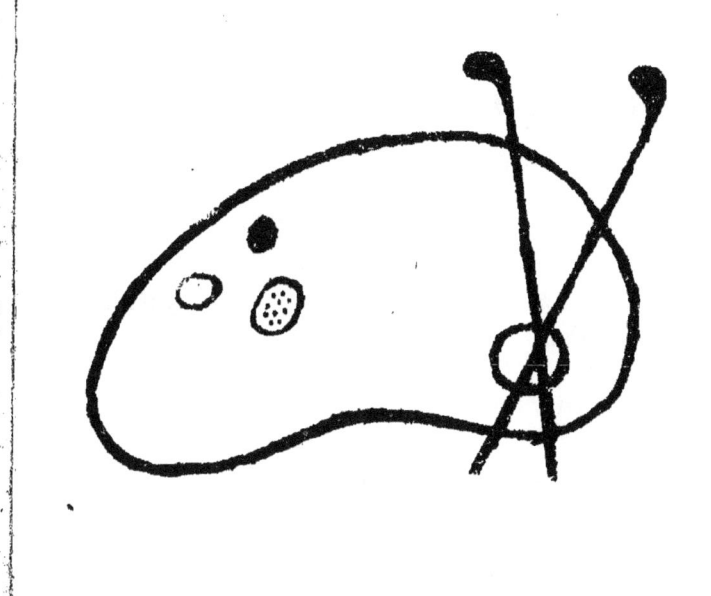

Début d'une série de documents en couleur

OUVRAGES DU MÊME AUTEUR :

Le Château de Châlucet. — Limoges, Vᵉ Ducourtieux, 1863.
Crucifixa. — Paris, Dentu, 1863.
Rimes franches. — Paris, Librairie centrale, 1864.
Dolentia. — Paris, Librairie centrale, 1865.
Légendes du Limousin. — Paris et Tournai, Casterman, 1865.
Limoges et le Limousin. — Paris et Tournai, Casterman, 1868.
Quelques notes sur la surveillance légale, lettre à un député. — Paris, F. Henry, 1870.
Les Employés de Préfecture. — Paris, F. Henry, 1870.
L'Assemblée du 8 février et la Loi électorale. — Lyon, Jonvaud, 1871.
Un Journaliste Girondin. — Limoges, Sourilas-Ardillier, 1871.
De la Grève, du Travail et du Capital, conférence faite à une Association ouvrière de Lyon, le 30 mai 1870 (extrait de la *Décentralisation*). — Lyon, Jonvaud, 1871.
Questions électorales. — Paris, E. Lachaud, 1871.
Notes de Voyage (Mauvais jour, Ex-intimo, Poésies diverses). — Paris, E. Lachaud, 1872.
La Crise des subsistances et les emprunts de la période révolutionnaire à Limoges (extrait de l'*Almanach limousin*). — Limoges, Vᵉ Ducourtieux, 1873.
Assurances sur la Vie, notions pratiques. — Limoges, Vᵉ Ducourtieux, 1876.
Une page de l'histoire du Clergé français au XVIIIᵉ siècle. Destruction de l'ordre et de l'abbaye de Grandmont. —

Paris, librairie Champion, et Limoges. librairie Vᵉ Ducourtieux, 1877.

Rimes couleurs du temps. — Paris, Dentu, 1877.

Sceaux et armes de l'Hôtel-de-Ville de Limoges. Sceaux et armes des villes, églises, cours, etc., des trois départements limousins. — Limoges, Vᵉ Ducourtieux, 1878.

Le Parti Girondin dans le département de la Haute-Vienne (extrait de la *Revue Historique*). — Paris, 1878.

Les Pénitents (extrait de l'*Almanach limousin*). — Limoges, Vᵉ Ducourtieux, 1879.

Les Confréries de Pénitents en France et notamment dans le diocèse de Limoges. — Limoges, Vᵉ Ducourtieux, 1879.

Coutumes singulières de quelques confréries et de quelques églises du diocèse de Limoges. — Limoges, Chapouland frères, 1879.

Anciens registres des paroisses de Limoges. — Limoges, Chapoulaud frères, 1881.

Les Hôtels-de-Ville de Limoges (extrait de l'*Almanach limousin*). — Limoges, Vᵉ Ducourtieux, 1882.

Le Livre de raison d'Étienne Benoist (1426). — Limoges, Vᵉ Ducourtieux, 1882.

L'Orfèvrerie limousine au milieu du XVIIᵉ *siècle* (extrait du journal l'*Art*). — Paris, 1882.

Les Dettes de la ville de Limoges et le Conseil municipal. — Limoges, A. Ussel et G. Tarnaud, 1882.

L'Eau de ma Cave, deuxième lettre à la municipalité et au Conseil municipal. — Limoges, A. Ussel et G. Tarnaud, 1882.

Le Tombeau de Guillaume de Chanac, à Saint-Martial de Limoges. — Tulle, Crauffon, 1883.

La Famille limousine d'autrefois, d'après les testaments et la Coutume. — Limoges, libr. Vᵉ Ducourtieux et Leblanc, 1883.

Quelques notes extraites du Cartulaire d'Aureil. — Tulle, Crauffon, 1883.

Les Corporations de métiers en Limousin et spécialement à Limoges (extrait de la *Réforme sociale*). — Paris, 1883.

Commentaires d'Étienne Guibert sur la Coutume de Limoges (1628). — Limoges, Vᵉ Ducourtieux, 1884.

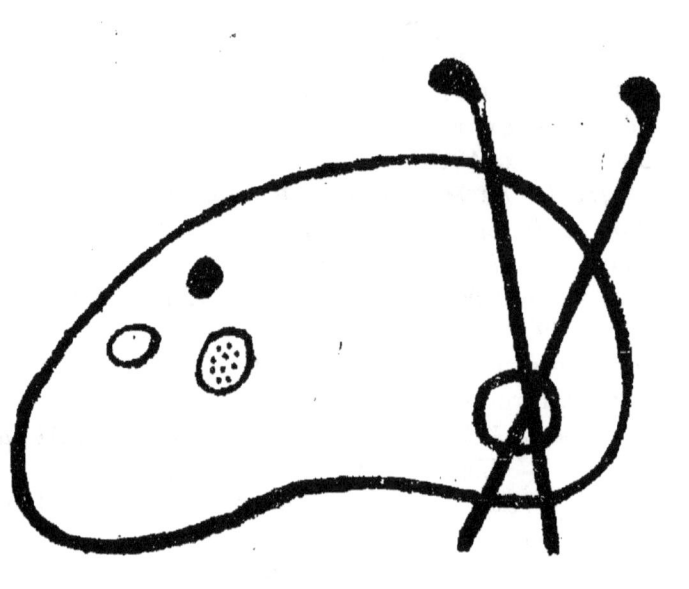

Fin d'une série de documents en couleur

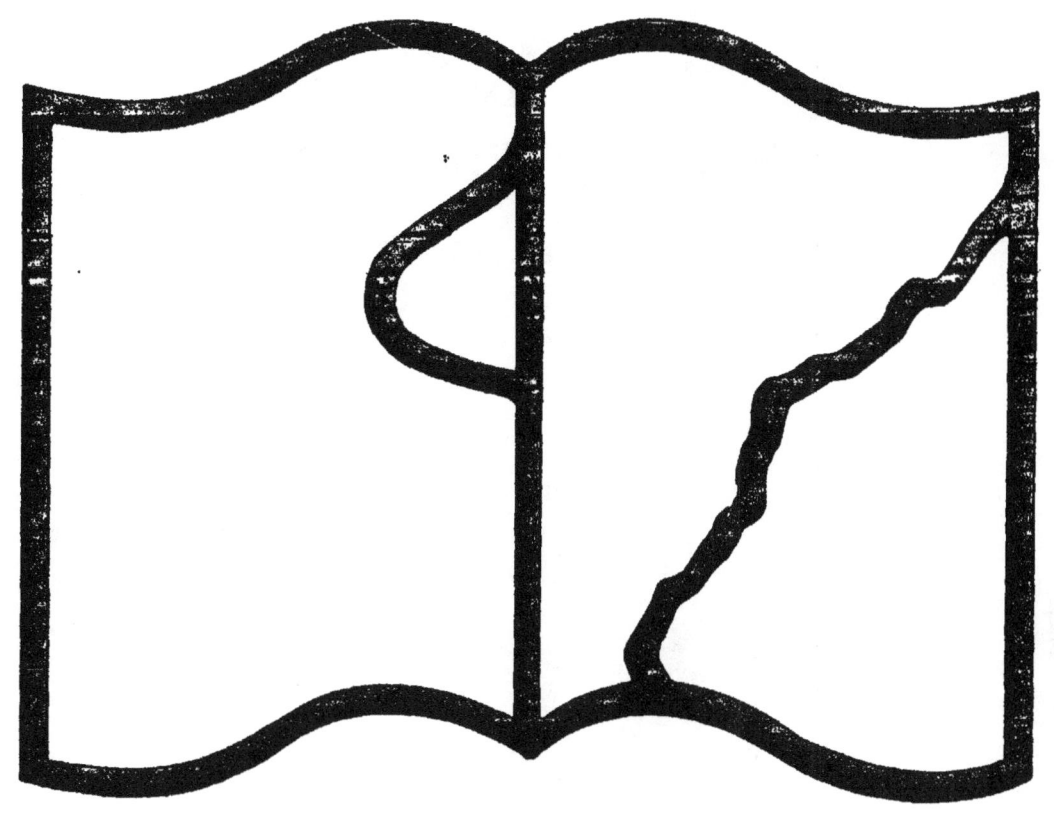

**Symbole applicable
pour tout, ou partie
des documents microfilmés**

Texte détérioré — reliure défectueuse

NF Z 43-120-11

8 Yh pièce 45

Draguignan
1895

Schiller, Frederich von

Le poème de la cloche

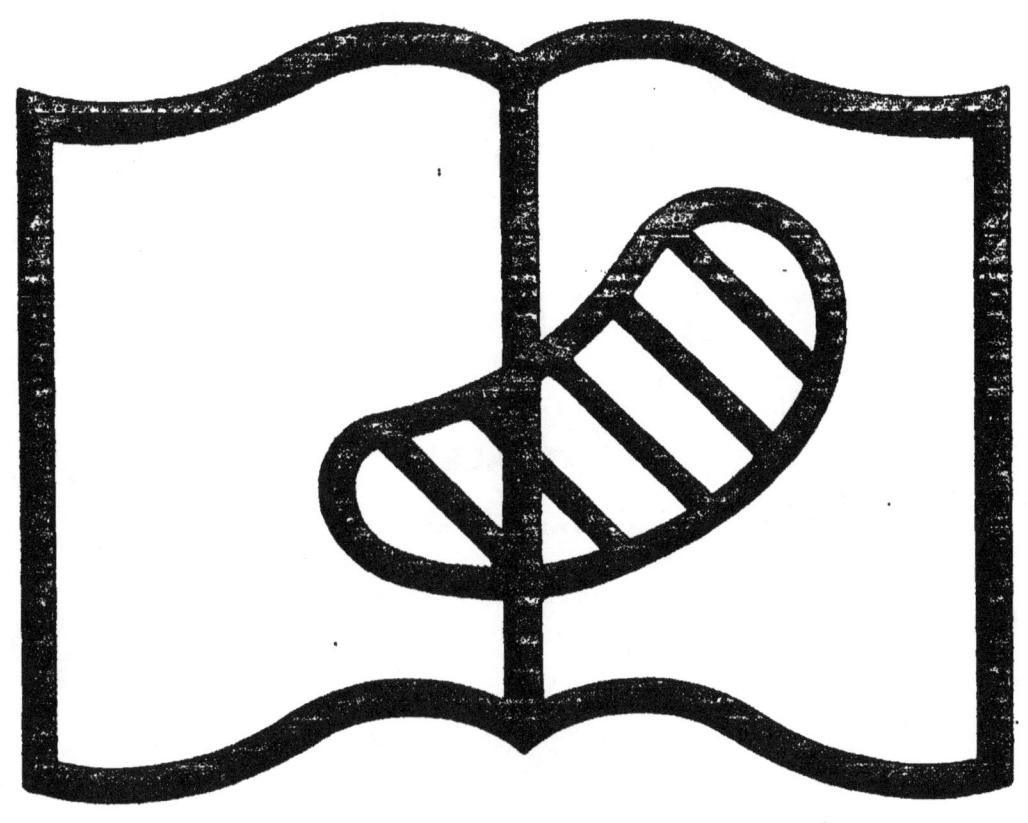

**Symbole applicable
pour tout, ou partie
des documents microfilmés**

Original illisible

NF Z 43-120-10

LE POÈME
DE
LA CLOCHE
DE
F. SCHILLER

MIS EN VERS FRANÇAIS

Par l'Abbé F. G.

DRAGUIGNAN
IMPRIMERIE C. ET A. LATIL, BOULEVARD DE L'ESPLANADE, 4
1895

LE POÈME

DE

LA CLOCHE

DE

F. SCHILLER

MIS EN VERS FRANÇAIS

Par l'Abbé F. G.

DRAGUIGNAN

IMPRIMERIE C. ET A. LATIL, BOULEVARD DE L'ESPLANADE, 4

1895

LE POÈME DE LA CLOCHE

AVANT-PROPOS

Tout ami des belles-lettres qui peut apprécier le Chant-de-la-Cloche dans la langue où il fut écrit, conviendra que le plaisir qu'on y éprouve, vaudrait à lui seul la peine, si grande soit-elle, d'apprendre l'allemand. Parmi les chefs-d'œuvre de la littérature germanique, aucun n'offre autant de beautés dans un aussi petit cadre, autant de perfection dans chacune de ses parties et dans son ensemble, que cette délicieuse création. C'est le drame de la vie en ce qu'elle présente de plus émouvant ; ses phases, ses évènements les plus solennels forment ici des scènes animées, et la variété des vers et des rithmes les rehausse, prenant le ton le plus approprié aux tableaux divers qu'elles représentent.

Pour ceux qui n'ont pas eu le loisir ou qui ont dédaigné d'apprendre le TUDESQUE, *plus d'un versificateur a essayé de reproduire en français le Poème de la Cloche. Les essais que j'ai lus m'ont paru, à la vérité, peu encourageants et propres à justifier l'avis de Madame de Staël qui a déclaré cette tâche impossible. Est-il téméraire de passer outre ce jugement et l'insuccès d'autrui ? — Mais l'illusion fut toujours permise aux amis de la lyre ; on sait d'ailleurs* que, dans la version, si le terme fidèle et à la fois poétique est souvent un Protée presque insaisissable, Aristée n'en a pas moins dompté le rebelle demi-dieu par l'opiniâtreté de la lutte. J'ai réalisé, quant à la persévérance, cette ingénieuse allégorie ; je n'ai que l'espoir d'en avoir rappelé l'heureux dénouement.

Schiller a composé son œuvre de deux éléments ; la partie technique représente la série des opérations nécessaires à la fonte de la cloche ; l'autre partie est formée des rapports, des aperçus les plus élevés que ces opérations éveillaient successivement dans l'imagination du Poète. Par exemple, l'alliage heureusement combiné des métaux est indispensable à l'harmonie du son qu'ils doivent rendre ; de même le choix des caractères est la condition du bon accord entre les époux. — La cloche va se former sous terre pour monter ensuite et chanter dans les airs ; pareillement nos corps doivent descendre dans la tombe pour ressusciter glorieux. — Le feu, le métal incandescent livrés à eux-mêmes, sont des puissances dévastatrices, dominés par l'homme, ils sont ses plus utiles auxiliaires ; ainsi en est-il des forces, des activités sociales faisant le bonheur et la gloire d'un peuple, ou produisant des désastres suivant l'énergie ou la faiblesse, la sagesse ou l'incurie de l'autorité. .

Mais laissons le lecteur découvrir et apprécier ces beautés si nous avons eu le bonheur de les reproduire assez fidèlement.

L'ABBÉ F. G...

NOTA. — Le baptême de la Cloche devait naturellement être religieux ; mais le culte protestant auquel appartenait Schiller, n'a plus de cérémonies, ou les a dépouillées du touchant symbolisme qu'elles ont dans l'Église catholique. D'une telle source l'auteur aurait su tirer le plus bel ornement pour couronner son Poème.

I.

Vivos voco,
Mortuos plango,
Fulgura frango.

Ferme, assis tel que la roche,
Dans le sol le moule est prêt ;
Aujourd'hui se fond la Cloche.
Sus, mes braves, plus d'arrêt !
   De sueur brûlante
    L'on doit faire assaut
Pour que l'œuvre soit sonnante...
Mais la grâce vient d'en haut.

———

Au grave objet qui nous convie
Sied un langage en harmonie ;
Accompagné d'heureux propos,
L'ouvrage avance et rend dispos.
Que tout artisan considère
Ce que son faible bras opère ;
Il n'est digne que de mépris
S'il peine sans avoir compris ;
Car la céleste intelligence
Est le partage des humains
Pour que l'intime connaissance
Eclaire le travail des mains.

II.

Prenez dans un tronc aride
Le bois du pin résineux,
Dont la flamme à jets fougueux
Monte au col du four torride.
　　Si le cuivre fond,
　　　Çà l'étain plus prompt !
Pour que l'épaisse bouillie
Coule égale, sans saillie.

Ce que nos bras aidés du feu
Forment dans une fosse obscure,
Parlera haut, voix noble et pure,
De nous, au faîte du saint lieu.

Durant des siècles, à toute heure,
On l'entendra, comme une sœur,
Pleurer avec celui qui pleure
Se réjouir, chanter en chœur.

Tout ce qu'aux enfants de la terre
Apporte le changeant destin,
Vibre sur l'argentine sphère,
Qui le répand dans le lointain.

III.

Maint globule blanc s'agite ;
La masse entre en fusion,
Par la soude on facilite
Des métaux la mixtion :
    « Enlevez l'écume
    « Du bouillant volume » ;
Eclatant d'un métal pur,
Le son vole dans l'azur.

La Cloche, d'une voix ravie,
Salue à son premier réveil
Le nouvel hôte de la vie,
Porté dans les bras du sommeil.

Sa destinée, obscur mystère,
Dort avec lui dans son berceau :
Sur cet aimable et cher joyau
Veillent les doux soins d'une mère.

Pareils à la flèche légère,
Les ans ont passé sans retour ;
A l'objet d'un naissant amour
Le garçon dit adieu, voyage,
Travaille, lutte avec courage,
Revient au paternel séjour.

Comme au printemps la rose brille,
Comme une vision des cieux.
Rougissante et baissant les yeux,
Il a revu la jeune fille.

Frappé soudainement, son cœur
Eprouve une inéffable peine ;
Versant des pleurs, il se promène
Loin des amis, seul et rêveur.

Il suit craintif sa bien aimée,
De son sourire il est heureux,
Il cueille une rose embaumée
Fidèle image de ses vœux...

Tendres désirs, douce espérance,
Age d'or du premier amour !
Le cœur ivre de jouissance,
Croit être au bienheureux séjour :
Hélas, tu ne souris qu'un jour,
Beau rêve de l'adolescence !

IV.

Je vois brunir les évents ;
Ce jonc va sonder la masse,
Paraît-il vitreux de face ?
Bon ! la fonte est à son temps.
  « Compagnons, alerte !
  « D'une main experte,
« Jugez si l'âpre et le doux
« Sont mêlés et bien dissous. »

Le rude joint à la souplesse,
La force unie à la tendresse,
D'un bel accord c'est le secret :
Eprouvez si vos sympathies,
O fiancés, sont assorties :
Le charme est court, long le regret !

La couronne immaculée
Sourit au front virginal
Quand la joyeuse volée
Sonne l'hymne nuptial.

Ah ! le printemps de la vie
Finit à son plus beau jour ;
Avec la branche fleurie
Tombe le bandeau d'amour.

  La passion s'envole,
  Mais l'amitié survit ;
  En perdant sa corolle
  La fleur devient un fruit.

  A l'homme de battre
  Le rude sentier
  De l'art, du métier,
  De planter, d'abattre,
  De vendre, acquérir,
  Lutter et courir
  De l'aube à la brune
  L'aveugle Fortune.
Et bientôt tout abonde au dedans, au dehors ;
La cave, le grenier regorgent de trésors,
Et la maison grandit, l'enceinte étend son aire,
  Et la ménagère,
  Toute ordre et bon sens,
  Gouverne céans,
  Aimable, ou sévère,
  Ses gens, ses enfants ;
  Instruit les fillettes,
  Reprend les garçons ;
  De mille façons
  Ses mains peu douillettes
  Augmentent le fonds.

Tout chez elle est poli, luisant comme la soie,
Elle enroule le fil au fuseau qui tournoie,
Et serre dans l'armoire odorante de thym
Le linge blanc de neige et la laine qui brille :
    C'est le luxe de sa famille,
    Et son travail n'a pas de fin.

Cependant le mari promène :
    Du haut de son manoir,
Des yeux ravis sur son domaine.
Depuis l'étable et le pressoir,
De la grange des gerbes pleine
Aux blés ondoyants dans la plaine ;
    Il dit avec orgueil :
    « La fortune infidèle
    « Pour moi n'a plus d'écueil. »
    Mais avec la rebelle
    Point de paix éternelle,
    Nul avenir certain,
    Et le malheur frappe soudain.—

V.

La brisure est dentelée
C'est à point, pour la coulée ;
Mais au Ciel faisons un vœu
Avant que l'airain jaillisse :
    « Enlevez le tampon !
    « Dieu garde la maison ! »
Dans le béant orifice
Coule un rouge flot de feu.

Le feu, puissance bienfaisante,
Si l'homme veille et la conduit ;
Tout ce qu'il forme est le produit
Des flammes que le ciel enfante ;
Mais redoutable est ce pouvoir
S'il n'est esclave du devoir ;
Fils indompté de la Nature,
Le feu prend une fière allure
S'il cesse d'être prisonnier ;
Il croît avec la résistance,
Et promène dans le quartier
Sa torche dévorante, immense ;
Car l'élément a ses dédains
Pour les faibles travaux humains.

  Du nuage humide
  Vient la moisson d'or,
  Du nuage encor
  La foudre homicide. —
Quel son résonne dans la tour ?
   Son sinistre !
   Rouge et bistre
Le ciel se teint tour à tour,
Point ne luit ainsi le jour...
Toute la cité s'alarme ;
   Quel vacarme !
La fumée encombre l'air ;
Jaillissant comme l'éclair
Du milieu de sombres nues,
La flamme parcourt les rues ;
L'atmosphère bout, grondant
Comme au sein d'un four ardent.
Tout à coup les poutres craquent,
Les charpentes se détraquent
   Avec fracas ;

Vitres tombent en éclats ;
Pleurs d'enfants, terreurs des mères,
D'animaux horribles cris
Expirant sous les débris ;
Dans la nuit lueurs solaires ;
Tout court, tout fuit, tout a peur :
Dans les mains qui font la chaîne,
Le seau passe et touche à peine ;
Sur un arc de vaste ampleur
L'eau s'élève, tombe, inonde ;
Mais le vent souffle et féconde
L'incendie, il se répand,
Gagne l'aride aliment
Des moissons accumulées,
Ses fureurs sont centuplées,
Et, comme s'il voulait alors
Ravir au sol tous ses trésors,
Le tourbillon de feu s'élance
    Jusqu'au ciel noir :
    Plus d'espoir !
L'homme avouant son impuissance,
Oisif, poussant un vain soupir,
Voit tous ses biens s'anéantir.

La maison, l'heureux domaine
Gît en cendres, triste arène
De l'orage et des hivers ;
L'horreur, hôte des déserts,
S'assied aux portes béantes ;
La lune et la nue errantes
Y regardent à travers.

A ce tombeau de sa richesse,
    Hésitant au départ,
L'homme pieusement adresse
    Encore un doux regard :
« Adieu ! je reprends confiance ;
   « Quoi qu'ait ravi le feu,
« Mes bien-aimés, oh cher aveu !
   « Oh suprême assurance !
« Sont là, point de funeste absence ! »

VI.

La terre a bu tout le métal,
Jusqu'au bord il emplit le moule ;
Comblera-t-il devant la foule
Les vœux de l'art, de l'idéal ?
    Si la fonte prend mal !
    Si la forme s'écroule !
Hélas, le moment qui s'écoule
Peut-être nous est-il fatal !

C'est aux entrailles de la terre
Que notre objet doit se parfaire ;
De là le patient semeur
Attend le fruit de son labeur.

De plus précieuses semences
En terre, hélas ! vont se flétrir :
Mais les divines espérances
Les feront un jour refleurir.

D'un monotone
Lugubre effort,
La Cloche entonne
Un chant de mort :
Elle accompagne d'un glas qui frissonne,
Un voyageur au pays où tout dort.

Ah ! c'est l'épouse adorée,
C'est la mère tant pleurée
Que le Trépas, dieux jaloux,
A ravie à son époux,

Aux enfants que, sage et belle,
Sa jeunesse lui donna,
Dont la fleur naissante orna
Tendrement son sein fidèle.

Il est à jamais défait
Le doux lien du ménage ;
Elle habite au noir rivage
Celle que l'on chérissait.

Sa bonté que rien n'égale,
A disparu sans retour,
Près des orphelins s'installe
L'étrangère sans amour.

VII.

Quittons la tâche fatigante,
Laissant l'airain se refroidir ;
Comme au bosquet l'oiseau qui chante,
Chacun peut prendre du loisir.
Le journalier quitte sa peine
     Au son de l'Angelus,
     Au signal d'Hespérus ;
Mais le patron reste à la chaîne. —

Dans la forêt, le voyageur
Hâte le pas avec bonheur
Vers sa demeure bien aimée ;
Le troupeau rentre en bêlant
     Au bercail ;
     Le bétail
Au large front, s'en vient beuglant
Remplir l'étable accoutumée ;
     Cahotant,
     Chancelant,
Le char lourd de blé s'avance
     Suivi des moissonneurs ;
     Sur les gerbes,
     Mêlé d'herbes,
     Pose un bouquet de fleurs ;
Puis la jeune tribu vole à la danse.
     Le silence
Envahit place et boulevards ;
Autour de la flamme bénie
La famille s'est réunie ;
Déjà les portes des remparts
Se ferment sur leurs gonds criards ;

Le jour fuit l'ombre qui le chasse,
Et rend au crime son audace ;
Mais — dors sans crainte, heureux bourgeois !
Sur ton sommeil veillent les lois. —

Salut : Ordre, don céleste
Qui sus unir librement
Sous un joug léger, charmant,
Loin de l'âpre vie agreste,
Les humains mal abrités ;
Toi qui fondas les cités,
Leur appris des mœurs civiles,
Tressant de tes mains habiles
Le plus noble des liens,
L'amour des concitoyens.

Mille bras actifs s'agitent
Dans un fraternel accord ;
Le travail dont ils s'acquittent
Montre l'homme adroit ou fort.

Aide et maître se confondent
Sous l'œil de la liberté,
Grands, petits, tous se secondent
En dépit du révolté.

Oui, le travail fait notre gloire,
La peine enfante un heureux fruit,
L'honneur du roi, c'est la victoire,
Le nôtre, un généreux produit.
    Paix aimable,
    Saint accord,
    Sois durable,
    Veille au sort
De la Cité qui t'honore !

Que l'aurore
Jamais n'éclaire en ces vallons,
Troublant leur paix bénie,
Les pas d'hostiles bataillons !
Beau ciel où tendrement s'allie
L'azur à l'or du soir,
Jamais au sauvage incendie
Ne prête ton miroir !

VIII.

Détruisons cette enveloppe !
Son rôle est désormais rempli ;
Qu'un objet pur, accompli,
A l'œil charmé se développe :
« Agitez le marteau,
« En pièces le manteau ! »
Pour que sonore et triomphante
La Cloche sorte du tombeau.

Le maître, d'une main prudente,
Brise la forme en temps et lieu ;
Tremblez si le métal en feu
S'affranchit seul et suit sa pente !

Tel qu'animé par un démon,
Avec le fracas de la mine,
Il fait éclater sa prison
Semant la mort et la ruine.

Où la force aveugle sévit
Nul bien ne croît, rien ne se fonde ;
La violence en maux féconde
N'affranchit pas, elle asservit.

Malheur à la ville où s'amasse
Matière à révolution !
Brisant tout frein, la populace
Accourt à la destruction.

L'émeute saisissant la corde
Fait hurler le divin métal,
Sa voix vouée à la concorde
Donne du meurtre le signal.

On entend crier : « Liberté,
« Egalité ! » l'on court aux armes ;
Tumulte et mortelles alarmes,
Le crime est seul en sureté.

Femmes, rivales des hyènes,
(Jeu dont l'univers a frémi)
Rongent, dans leurs féroces haines,
Le cœur saignant de l'ennemi.

Rien n'est sacré ! défense vaine
Font les lois et le sens moral ;
Le bon cède au méchant l'arène,
Il n'est plus de barrière au mal.

Lion qu'on éveille est terrible,
Rage de tigre est chose horrible,
Mais le comble de la terreur
C'est l'homme agité de fureur.

Honte à qui prête la lumière
Aux mains de l'aveugle éternel !
Il livre au feu palais, chaumière
Dans son délire criminel.

IX.

Dieu, que cet aspect me flatte !
Comme un bel astre d'argent,
De sa coque uni, brillant,
Le fruit du métal éclate.
  Du casque au grand contour
  Tout luit comme le jour,
L'écusson net et fidèle
Fait l'éloge du modèle.

  Venez tous, compagnons,
Formez le cercle, baptisons
La Cloche du plus beau des noms :
  Concordia est sa devise
  Pour que l'aimante église
A son appel s'assemble et fraternise.

Glas funèbre ou gai carillon,
Tel soit son avenir sublime :
Planant sur cette terre infime
Là-haut sous le bleu pavillon,
Se balancer près du tonnerre
Et confiner avec les cieux ;
Qu'elle résonne en ces hauts lieux
Comme les astres de la sphère
Glorifiant le Créateur
Et guidant l'homme en son labeur.

Que sa voix d'airain ne propage
Rien que de grave et d'éternel,
Que dans son vol perpétuel
Le Temps y marque son passage.
Vide de cœur, de sentiments,
Qu'elle imite par ses élans
Le sort agité de la vie ;
Et, de même que dans l'ouïe
S'éteint le son qu'elle a produit,
Apprenons d'elle que tout fuit,
Qu'ici-bas tout s'évanouit.

X.

Or, à l'aide du génie
Hissons-la de son berceau
Au séjour de l'harmonie,
Dans son aérien château. —
   « Tirez », la Cloche avance,
   S'élève, se balance ;
   « Tirez ! » Qu'un son nouveau,
     Chant d'espérance,
   Apporte à la Cité
   Paix et félicité !

FIN.

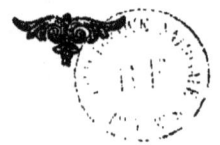

www.ingramcontent.com/pod-product-compliance
Lightning Source LLC
Chambersburg PA
CBHW070541050426
42451CB00013B/3126